Екатерина Румянцева

Простые поделки
из пластилина

МОСКВА
АЙРИС ПРЕСС
2009

УДК 087.5:745
ББК 85.125я92+37.248я92
Р86

Серийное оформление обложки *А. М. Драгового*

Румянцева, Е. А.

Р86 Простые поделки из пластилина / Екатерина Румянцева. — 2-е изд. — М.: Айрис-пресс, 2009. — 144 с.: ил. — (Внимание: дети!).

ISBN 978-5-8112-3539-1

Особенность книги в том, что по ней можно заниматься с самыми маленькими детьми, начиная с 3–4 лет. Для части поделок нужно только одно умение: скатывать пластилиновый шарик. И вот уже появился веселый снеговичок или извивающаяся гусеница. Другие модели требуют чуть больше мастерства, но тоже достаточно просты. Это фигурки различных животных, машины, букеты цветов, пластилиновые картины, поделки с использованием дополнительных материалов: камешков, ракушек, пузырьков, спичек.

Автор подробно рассказывает о простых, но важных приемах работы с пластилином: как лепить кубик и колбаску, как сделать мраморный пластилин и получить нежные оттенки цветов, как правильно хранить поделки, чтобы они долго радовали глаз.

Книга предназначена для занятий с детьми 3–8 лет.

ББК 85.125я92+37.248я92
УДК 087.5:745

ISBN 978-5-8112-3539-1

© ООО «Издательство «АЙРИС-пресс», 2008

От простого колобка до пингвина и кота

В этой главе рассказано, как слепить
самые простые игрушки
с самыми маленькими детьми.
Игрушки делаются на основе шара, колбаски,
огурца или яйца.
Несмотря на их простоту, поделки
получаются симпатичные и весёлые.
После них ребёнку наверняка захочется
продолжить работу
и перейти к более сложным моделям.
Хотя эта глава и адресована малышам,
но и дети повзрослее могут
воспользоваться советами и идеями,
изложенными здесь, ведь так приятно
почувствовать себя мастером!
Вам потребуются: пластилин, стека, спички,
картон, ножницы.

От автора

Лепка — один из древнейших видов прикладного искусства. Из глины люди лепили посуду и игрушки. Глина служила строительным материалом и заменяла бумагу: на глиняных дощечках писали письма и документы. Но для детского творчества глина сложный материал, гораздо проще, доступнее и удобнее использовать детям пластилин. Сейчас можно приобрести всевозможные виды и сорта пластилина: мягкий, пожёстче, флюорисцентный, ароматический, непачкающий руки, с блёстками и т. д.

Лепка — чрезвычайно полезный вид детского творчества: кроме развития художественного вкуса и пространственного воображения, она влияет на мелкую моторику, т. е. при работе с пластилином массируются определённые точки на ладонях, которые в свою очередь активизируют работу мозга и развивают интеллект ребёнка.

Книга составлена по принципу от простого к сложному. В первой главе представлены простые игрушки на основе шарика, огурца, колбаски — самых примитивных форм, которые смогут выполнить дошкольники. Во второй главе модели усложняются, хотя в их основе лежат те же формы, но вводятся другие приёмы и идеи, например объёмные модели и декорации. В третьей главе описаны плоскостные картины и барельефы. В четвёртой главе даны примеры сочетания пластилина с другими материалами.

ПРОСТЫЕ ПОДЕЛКИ ИЗ ПЛАСТИЛИНА

Как лепить шарик. Отщипните кусочек пластилина, согрейте его, размяв в руках, и скатайте между ладоней круговыми движениями (**рис. 1**).

Как лепить колбаску. Кусочек пластилина, размяв пальцами по длине, раскатайте между ладоней движением, указанным на **рис. 2** стрелками.

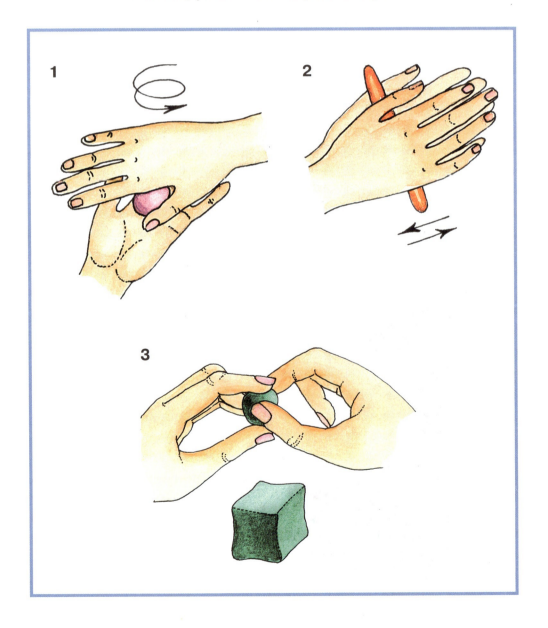

Как лепить кубик. Скатайте шарик и примните пальцами поочерёдно грани кубика, подравняйте грани на плоскости стола (**рис. 3**).

Как лепить лепёшку. Скатайте шарик и разомните его между пальцами, по возможности равномерно. Из лепёшки можно вырезать любые формы стекой или ножницами, предварительно наметив контур стекой.

Как сделать «мраморный» пластилин. Смешайте 2 или 3 цвета пластилина, но не размешивайте его до однородной консистенции, оставьте красивые разводы.

Как получить пластилин нежных тонов. Как правило, в наборах не бывает пластилина нежно-розового, голубого, салатового и других подобных оттенков. Для их получения смешайте обычный цвет с белым пластилином в пропорции 1 : 1/4, т. е. часть белого и одна четвертая часть другого цвета. Так же можно получить оранжевый цвет — жёлтый + красный, зелёный — жёлтый + синий и т. д.

Как получить новые цветовые оттенки. Смешайте пластилин разных цветов так же, как краски, и вы получите новые красивые оттенки.

С чем сочетается пластилин. Пластилин сочетается практически со всеми материалами и предметами: пуговицами, бусинами, проволокой, косточками фруктов, пузырьками и баночками, перьями птиц, картоном, тканью и т. д.
Внимание! Используя в поделках спички, заранее отрежьте у них серные головки!

Как хранить поделки из пластилина. Слепив модель, поместите её на время в холодильник, потом при желании можно покрыть её лаком для волос.

Для работы вам потребуются: пластилин разных сортов и цветов, стеки, ножницы, картон (для подставок и барельефов), дощечка или клеёнка для того, чтобы на ней работать. О других материалах отдельно написано в каждой главе.

Цветы на лужайке

Материалы и инструменты

- Разноцветный пластилин
- Спички
- Картон

1 Слепите разноцветные шарики и нанижите их на спички.

2 Скатайте разноцветные шарики помельче и прилепите их по кругу на шарики на спичках.

3 Кусочек картона обмажьте зелёным пластилином и, скатав шарики зелёного цвета, прилепите их на лужайку. Воткните в них цветы.

ПРОСТЫЕ ПОДЕЛКИ ИЗ ПЛАСТИЛИНА

Колобок

Материалы и инструменты

- Жёлтый, белый, чёрный и красный пластилин

1 Скатайте крупный шар из жёлтого пластилина.

2 Скатайте 3 маленьких жёлтых шарика — это ножки и нос колобка.

3 Скатайте 2 маленьких шарика белого цвета и 2 совсем маленьких шарика чёрного цвета — глаза.

4 Из красного пластилина скатайте тонкую колбаску — рот.

5 Соедините детали.

Грибная полянка

Материалы и инструменты

- Разноцветный пластилин
- Картон
- Стека или ножницы

1. Кусочек картона обмажьте зелёным пластилином.

2. Скатайте колбаски из белого пластилина — ножки грибов: для сыроежек — потоньше, для боровиков — потолще.

ПРОСТЫЕ ПОДЕЛКИ ИЗ ПЛАСТИЛИНА												12

3 Сплющьте между двух пальцев шарик пластилина — это шляпка гриба. При желании можно придать ей более сложную форму — выгнуть покруче, как у боровика, или вытянуть сверху, как у мухомора. Не забудьте украсить шляпку мухомора шариками из белого пластилина. Прилепите шляпки к ножкам (см. **рис.**).

4 Украсьте полянку и грибы осенними листиками. Для этого сделайте тонкую лепёшку из жёлтого пластилина и вырежьте листочки стекой или ножницами, в серединки прилепите коричневые тонкие колбаски. В этой работе потребуется помощь взрослых.

Весёлый снеговик

Материалы и инструменты

- Белый, чёрный и оранжевый пластилин
- Веточка
- Крышечка от тюбика зубной пасты

1. Скатайте крупный, средний, меньше среднего и 2 маленьких шарика из белого пластилина и 2 совсем маленьких чёрных шарика для глаз, а также конус-морковку из оранжевого пластилина.

2. Соедините детали. В руку снеговику можно вставить настоящую веточку, а на голову надеть ведёрко из крышечки от тюбика зубной пасты или слепить его из пластилина любого цвета.

ПРОСТЫЕ ПОДЕЛКИ ИЗ ПЛАСТИЛИНА

Божья коровка

Материалы и инструменты

- Красный, чёрный и белый пластилин
- Проволока
- Спичка
- Стека

1. Слепите шар из красного пластилина и приплюсните его о поверхность стола.

2. Слепите из чёрного пластилина шарик поменьше и расплющьте его в лепёшку — это живот жучка.

3. Из чёрного пластилина скатайте шарик-головку, сделайте глаза из белого и чёрного пластилина. Усики сделайте из проволоки или слепите из колбасок.

4. Скатайте 3 колбаски из чёрного пластилина — это ножки, они должны быть длиннее лепёшки-живота.

5. Нанижите голову на спичку и соберите жука, как показано на **рис. 1**.

От простого колобка до пингвина и кота

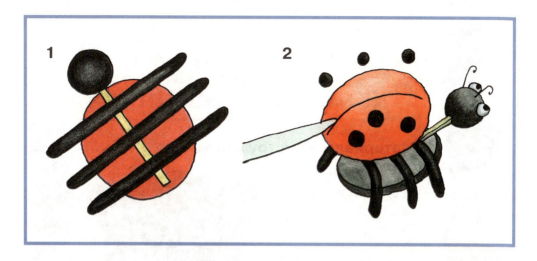

 Стекой наметьте на спинке жука крылья и прилепите чёрные шарики — точки (**рис. 2**).

Совет

Попробуйте сделать жучков с другими панцирями и посадите их на лист дерева, вырезанный из картона и обмазанный пластилином, — у вас получится целая композиция.

Плюшевый мишка

Материалы и инструменты

- Коричневый, белый, чёрный и жёлтый пластилин
- Спичка
- Стека

1. Из коричневого пластилина скатайте 1 большой шар — туловище, 1 шар поменьше — голову, 4 небольших шарика — лапки, 3 маленьких шарика — уши и хвост.

2. Из белого пластилина скатайте 2 шарика — глаза и 1 покрупнее — мордочку.

3. Из чёрного пластилина скатайте 2 маленьких шарика — зрачки и третий шарик побольше — нос.

От простого колобка до пингвина и кота 17

4 Из бежевого или жёлтого пластилина слепите шарик и расплющьте его в лепёшку — живот мишки.

5 Соедините детали, как показано на рисунке. Голову с туловищем соедините при помощи спички.

6 Стекой прорежьте мордочку и животик мишки.

Совет

При желании мишку можно одеть, — например, слепить ему шарф и шапку.

Красавец лебедь

Материалы и инструменты

- Белый, синий, чёрный и красный пластилин
- Картон
- Стека

1. Скатайте из белого пластилина толстую колбаску и постепенно вытяните и изогните колбаску потоньше — шею лебедя, сформируйте голову (см. **рис.**).

2. Вытяните хвостик.

3. Слепите или вырежьте стекой из лепёшки треугольные крылья. Из красного пластилина слепите клюв. Прилепите чёрные глаза-шарики.

Прилепив на картон синий пластилин, пустите лебедя в плавание.

Пугливая улитка

Материалы и инструменты

- Белый, красный, чёрный, фиолетовый и жёлтый пластилин
- Стека

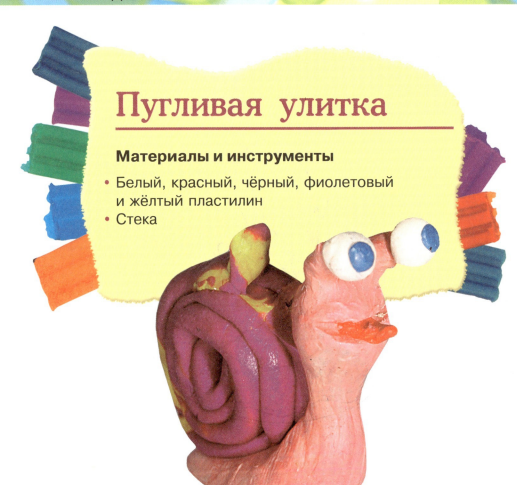

1. Сделайте розовый пластилин, смешав белый и немного красного пластилина. Скатайте из него толстую колбаску и аккуратно вытяните более тонкую шею, закруглите голову и заострите хвост (см. **рис.**).

2. Прорежьте стекой рот, вылепите из красного пластилина язык и прилепите его.

3. Скатайте колбаску для рожек, прилепите к ним шарики-глаза.

4 Сделайте «мраморный» пластилин, смешав фиолетовый и жёлтый пластилин. Скатайте из него толстую колбаску и примните её по всей длине, сделав ленту.

5 Скатайте ленту в спираль и прилепите на спину улитке.

Динозаврик из Африки

Материалы и инструменты
- Разноцветный пластилин
- Стека

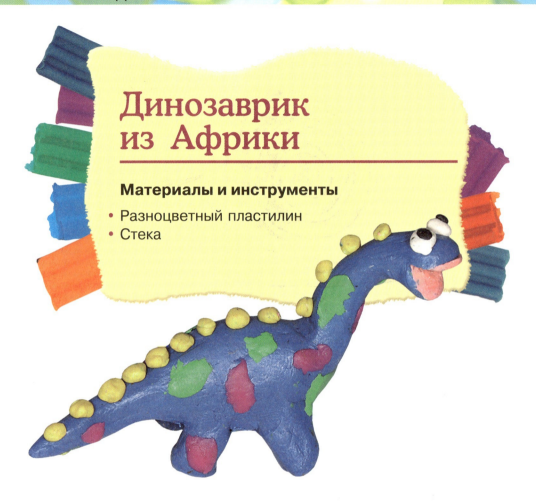

1. Скатайте колбаску из фиолетового пластилина, вытяните более тонкую шею и хвост (см. **рис.**).

2. Сформируйте голову из этой же колбаски. Прорежьте стекой рот и вставьте в него лепёшку из красного пластилина. Слепите белые с чёрным шарики-глаза.

3. Скатайте колбаски для ног. Прилепите их, примазав стекой.

4. Сделайте гребень из маленьких жёлтых шариков.

Нарвите из пластилиновых лепёшек разноцветные пятна и прилепите их на динозавра.

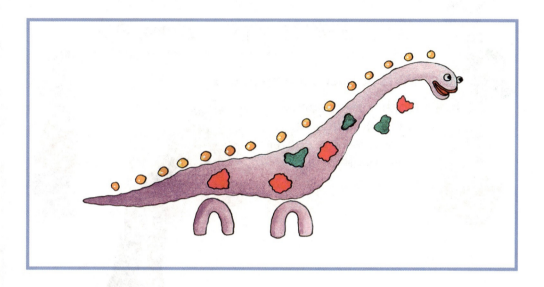

Длинноногий жираф

Материалы и инструменты

- Оранжевый, белый, чёрный, красный, коричневый и жёлтый пластилин
- Стека

1. Слепите из оранжевого пластилина колбаску, вытяните из неё шею и изогните голову (см. **рис.**).

2. Прорежьте рот стекой. Вставьте в него лепёшку из красного пластилина. Прилепите к голове белые с чёрным шарики-глаза.

3. Слепите лепёшки-ушки.

4 Изогните колбаску-рожки из жёлтого пластилина. Прилепите к концам коричневые шарики.

5 Скатайте колбаски для ножек, обмотайте копыта коричневой ленточкой из пластилина.

6 Скатайте колбаску из коричневого пластилина, прилепите её к спине жирафа и промните стекой засечки по всей длине.

7 Прилепите хвостик.

8 Из чёрного пластилина нарвите лепёшки-пятна и прилепите на тело жирафа.

Гусеница

Материалы и инструменты

- Разноцветный пластилин
- Спички
- Стека

1. Скатайте 1 шарик покрупнее, 4 помельче и 2 маленьких из пластилина разного цвета.

2. Соедините шарики с помощью спичек.

3. Слепите из чёрного пластилина совсем маленькие шарики и из белого — шарики покрупнее — глаза. Усики сделайте из спичек и прилепите на их концы красные шарики. Красный шарик скатайте и для носа.

4. Рот прорежьте стекой — пусть гусеница улыбается.

Мышка-норушка

Материалы и инструменты

- Белый, розовый и чёрный пластилин

1 Скатайте из белого пластилина шарик, примните с одного конца.

2 Примните снизу, положив на стол.

3 Слепите 2 лепёшки из белого пластилина и 2 из розового чуть поменьше.

4 Прилепите на белые лепёшки розовые — это ушки.

5 Скатайте 3 чёрных шарика — глазки и нос.

6 Из розового пластилина скатайте тонкую колбаску — хвост. Соедините детали.

ПРОСТЫЕ ПОДЕЛКИ ИЗ ПЛАСТИЛИНА

Колючий ёжик

Материалы и инструменты

- Чёрный и белый пластилин
- Еловые иголки или вермишель

1. Ёжика лепите так же, как мышку, но из серого пластилина (смешайте белый и чёрный цвета). Ушки ёжика слепите поменьше.

2. Иголки воткните под углом. Можно использовать еловые иголки, спички, вермишель и даже гречку.

Любопытный котёнок

Материалы и инструменты

- Жёлтый, розовый, зелёный, чёрный и оранжевый пластилин
- Проволока
- Спички
- Стека

1 Скатайте из жёлтого пластилина огурчик-тело и шар-голову (**рис. 1**).

2 На голову прилепите треугольные ушки, розовый овал-нос и зелёные с чёрным глаза. Стекой наметьте рот. Усы сделайте из проволоки.

3 Воткните 4 спички-ножки, на концы оденьте оранжевые шарики.

4 Соедините голову с телом с помощью спички.

5 Скатайте колбаску-хвост.

Советы

Треугольные ушки, крылья и другие детали можно не только слепить, но и, сделав лепёшку, вырезать их стекой или ножницами.

По этому же принципу слепите лошадку (**рис. 2**).

Задумчивый кот

Материалы и инструменты

- Фиолетовый, белый и чёрный пластилин
- Проволока

1. Слепите из фиолетового пластилина огурец, примните его снизу о поверхность стола.

2. Прикрепите треугольные ушки, белые щёчки, чёрные шарики-глаза и нос.

3. Воткните усы из проволоки.

4. Скатайте 2 шарика-лапки и колбаску-хвостик.

Морж

Материалы и инструменты

- Синий, белый и чёрный пластилин
- Коробочка от йогурта

1. Слепите из синего пластилина огурец, вытяните его с одного конца и чуть загните.

2. Мордочку моржа слепите так же, как у кошки (но без ушек).

3. Слепите плоские ласты и прикрепите их к телу моржа.

4. Посадите моржа на тумбу, сделанную из коробочки от йогурта, — у вас получится цирковой дрессированный зверь.

Антарктический пингвин

Материалы и инструменты

- Чёрный, белый, красный и жёлтый пластилин
- Стека

1. Из чёрного пластилина слепите огурец. Примните шейку, обозначив голову, вытяните хвостик, отогните его в сторону и примните снизу о поверхность стола (см. **рис.**).

2. Из белого пластилина слепите овальную и круглую лепёшки — живот и мордочку.

ПРОСТЫЕ ПОДЕЛКИ ИЗ ПЛАСТИЛИНА

3 Из чёрного и белого пластилина слепите по 2 треугольника — крылышки, слепите чёрный с белым попарно, прилепите к телу чуть сзади.

4 Из жёлтого пластилина слепите клюв, из чёрного — шарики-глазки.

5 Из красного пластилина скатайте колбаску, расплющьте её концы и, прорезав стекой пальцы, заровняйте их.

6 Прикрепите лапы снизу к телу.

Весёлые игрушки – машинки и зверушки

В этой главе рассказано о более сложных поделках на основе тех же простых элементов — шара, колбаски, огурца. Вы сможете слепить животных, человечков, мебель, посуду, а также всевозможные сценки. Пространственная лепка открывает простор для фантазии — театральные декорации, игры и макеты городов, парков, разных планет, сказочных сценок. На основе наших рекомендаций можно придумать свои модели и декорации, построить собственные миры. Вам понадобятся: пластилин разных цветов и сортов, стека, ножницы, спички, картон, крышечки от бутылок или банок, ножницы.

Царевна-лягушка

Материалы и инструменты

- Зелёный, белый, чёрный и жёлтый пластилин
- Стека
- Спичка

1. Из зелёного пластилина скатайте шарик и сплющьте его с боков (**рис. 1**).

2. Прорежьте стекой рот и, скатав 2 шарика, прилепите их сверху головы (**рис. 2**).

3. Слепите из белого пластилина шарики-глазки, прилепите на них чёрные шарики-зрачки и прикрепите к голове.

ПРОСТЫЕ ПОДЕЛКИ ИЗ ПЛАСТИЛИНА

4 Слепите огурец и прижмите его нижнюю часть к поверхности рабочего стола.

5 Из колбасок слепите лапки — верхние и нижние, пальцы прорежьте стекой (**рис. 3**).

6 Из жёлтого пластилина скатайте шарик и расплющьте его в лепёшку — это животик.

7 Прикрепите голову к телу с помощью спички.

Весёлая собачка

Материалы и инструменты
- Жёлтый, красный, белый и чёрный пластилин
- Стека

1. Скатайте из жёлтого пластилина шарик и немного вытяните нос.

2. Прорежьте стекой рот и вставьте в него красный язычок, прилепите белые с чёрным глаза, чёрный нос и лепёшки-ушки. Вставьте спичку-шею (**рис. 1**).

ПРОСТЫЕ ПОДЕЛКИ ИЗ ПЛАСТИЛИНА 40

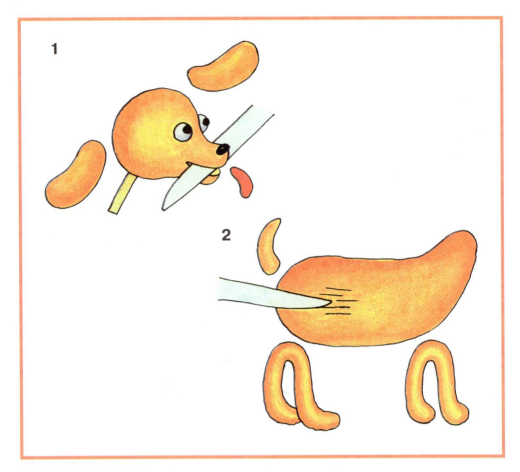

3 Слепите огурец-туловище, немного вытяните его с одного края и загните вверх шею.

4 Слепите из колбасок лапки, перегните их пополам и прилепите к туловищу с помощью пальцев и стеки (чтобы заровнять стыки).

5 Слепите хвостик и стекой процарапайте шёрстку (**рис. 2**).

Совет

Так как фигурки мягкие, меняйте им позы и настроение, например собачка может поджать хвостик или поднять его, нагнуть голову или повернуть её.

Робот Робин

Материалы и инструменты
- Разноцветный пластилин
- Стека
- Спички

Все детали робота делаются из пластилина разного цвета.

1 Слепите кубик-голову робота. Для этого шарик сплющьте пальцами обеих рук крест-накрест, поворачивая его. В конце заровняйте кубик о поверхность стола.

ПРОСТЫЕ ПОДЕЛКИ ИЗ ПЛАСТИЛИНА

2 Прикрепите нос, глаза, прорежьте рот, вставьте спичку-антенну (см. **рис.**).

3 Слепите тело — параллелепипед. Прикрепите к нему прямоугольник — «приборную доску» с кнопками.

4 Скатайте колбаски для рук и сделайте на них грани о поверхность стола. Края обрежьте стекой.

5 Для ног скатайте колбаску подлиннее и, сделав на ней грани, сложите пополам, изогните концы — это ступни, и прилепите их к туловищу.

6 Голову и руки прикрепите с помощью спичек. Робот сможет двигать руками и крутить головой.

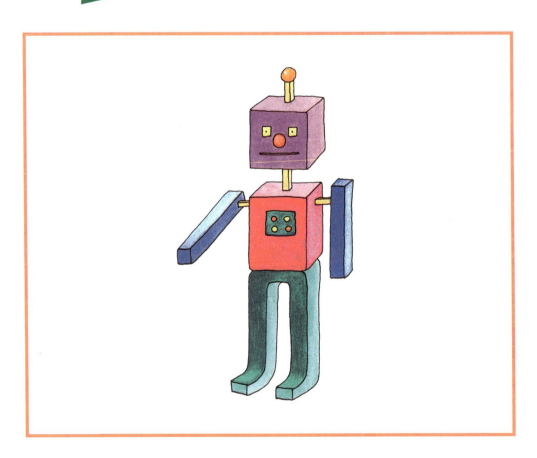

Мальчик Вася

Материалы и инструменты

- Разноцветный пластилин
- Спичка

1 Скатайте шарик-голову из пластилина, составленного из 2-х цветов — белого и оранжевого (см. **рис.**). Из полученного цвета слепите также шарик-нос.

2 Слепите рот и волосы из тоненьких колбасок красного и жёлтого пластилина соответственно. Шарики-глаза вылепите из синего и чёрного пластилина.

ПРОСТЫЕ ПОДЕЛКИ ИЗ ПЛАСТИЛИНА

3 Из огурца, приплюснутого с одного края о поверхность стола, сделайте туловище — зелёную рубашку.

4 Слепите ручки из колбасок и шариков, ноги — из фиолетовой колбаски, согнутой пополам, ботинки — из маленьких синих огурчиков.

5 Соедините части. Голову соедините с туловищем с помощью спички, — Вася сможет крутить головой.

Девочка Маша

Материалы и инструменты

- Разноцветный пластилин
- Спичка

1. Голову слепите так же, как мальчику, только волосы сделайте из коричневого пластилина подлиннее и губки бантиком.

2. Тело-кофточка тоже лепится, как у мальчика, но из голубого пластилина. Слепите отдельно фиолетовую юбочку, — скатайте для этого толстую колбаску, приплющьте её с 2 концов и сузьте немного сверху, сформировав усечённый конус.

3. Ноги слепите из 2 жёлтых колбасок, ботинки — из зелёных огурчиков.

ПРОСТЫЕ ПОДЕЛКИ ИЗ ПЛАСТИЛИНА

 Опояшьте талию жёлтой лентой. Кофту украсьте фиолетовыми пуговицами-шариками.

 Соедините части так же, как мальчику.

Совет

Слепите разных персонажей: клоуна, пожарника, принцессу, рокера, врача, топ-модель и ещё кого придумаете, — в основе всех фигурок лежат шар, огурец и колбаски. На лыжника (**рис. 1**) наденьте шапку (**рис. 2**), слепите ему лыжи (**рис. 3**), — для этого скатайте колбаску и расплющьте её пальцем (**рис. 4**). В руки лыжнику вставьте лыжные палки-колбаски.

Саночки

Материалы и инструменты

- Красный, жёлтый и зелёный пластилин
- Спички
- Стека

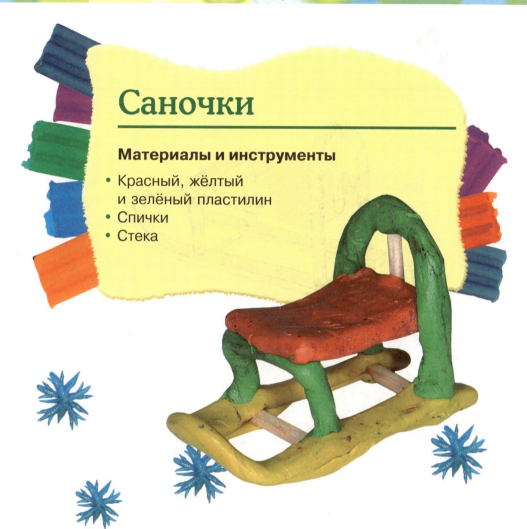

1 Слепите из красного пластилина лепёшку и вырежьте из неё стекой прямоугольник — это сиденье (см. **рис.**).

2 Скатайте 2 колбаски зелёного цвета и, изогнув их, прилепите спинку и передние ножки.

3 Скатайте длинную жёлтую колбаску, разомните её пальцем и, изогнув пополам, прилепите к спинке и ножкам.

ПРОСТЫЕ ПОДЕЛКИ ИЗ ПЛАСТИЛИНА

 Укрепите спичками спинку и полозья.

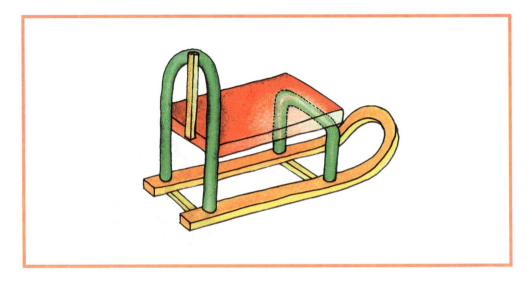

Инопланетяне

Материалы и инструменты

- Разноцветный пластилин
- Стека

Первый инопланетянин

 Скатайте шар и украсьте его несколькими глазами и носом-грибком.

ПРОСТЫЕ ПОДЕЛКИ ИЗ ПЛАСТИЛИНА

2. Туловище слепите в форме огурца с вытянутым хвостиком.

3. Руки и ноги слепите из колбасок.

4. Гребешок на спину сделайте из колбаски, прижав по всей длине стекой.

5. Украсьте тело кусочками разноцветного пластилина.

Второй инопланетянин

1. Смешайте 2 цвета, сделав мраморный пластилин. Слепите огурец и расплющьте его снизу в виде колокольчика (см. **рис.**).

2. Нарежьте стекой низ колокольчика, заровняйте и загладьте щупальца.

3. Прилепите произвольные руки.

4. Сделайте антенны из спичек с разноцветными пластилиновыми шариками, глаза и рот.

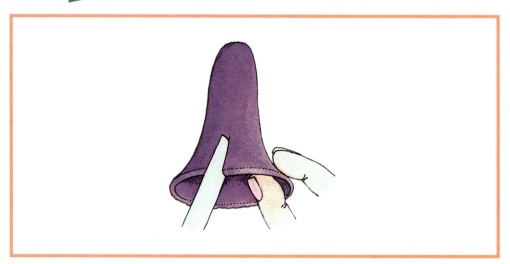

Ангел

Материалы и инструменты

- Разноцветный пластилин
- Стека
- Золотая фольга
- Ножницы
- Спичка

1. Слепите из белого пластилина колокольчик.

2. Из розового пластилина (смешайте для этого белый и красный) слепите шарик-голову и 2 маленьких шарика-ручки (см. **рис.**).

3. Скатайте белые колбаски-рукава, слепите синие шарики-глазки, нос и красный рот.

ПРОСТЫЕ ПОДЕЛКИ ИЗ ПЛАСТИЛИНА

4 Сделайте кудряшки, накатав оранжевых шариков.

5 Крылья вылепите из жёлтого пластилина и разрежьте стекой перья.

6 Нимб вырежьте из золотой фольги.

7 Соедините детали. Голову присоедините к туловищу спичкой.

Сказочный мишка

Материалы и инструменты

- Разноцветный пластилин
- Спичка

1. Слепите коричневый шарик-голову, 2 маленьких шарика — ушки, 1 белый шарик — мордочку и 1 чёрный шарик — нос (**рис. 1**). Вылепите глаза.

ПРОСТЫЕ ПОДЕЛКИ ИЗ ПЛАСТИЛИНА

2 Слепите всё вместе и снизу воткните спичку-шею.

3 Тело-рубашка — фиолетовый огурец, лапки — колбаски, ноги-штанишки — зелёная колбаска, согнутая пополам (**рис. 2**).

Советы

Слепите кубик-короб и колбаски-лямки, прилепите на мишку. В короб можно посадить Машеньку.

Слепите других сказочных зверей, например Лису Патрикеевну с петушком (**рис. 3**).

Кукольная мебель

Материалы и инструменты
- Разноцветный пластилин
- Стека

Кресло

1 Слепите оранжевый шар, разомните его в лепёшку и вырежьте стекой квадрат — сиденье стула (**рис. 1**).

2 Скатайте 3 толстые красные колбаски: из одной слепите спинку, из 2 других сделайте ножки.

Столик

1 Крышку стола слепите тем же способом, что и сиденье у кресла (**рис. 2**).

Весёлые игрушки — машинки и зверушки

2 Скатайте толстую колбаску, стекой нарежьте её на 4 равные части — ножки.

3 Прилепите ножки к столешнице.

Диван

1 Сиденье дивана слепите из жёлтого пластилина так же, как сиденье у кресла, но сделайте его прямоугольным (**рис. 3**).

2 Из синей лепёшки вырежьте полукруглую спинку.

3 Из толстых фиолетовых колбасок сделайте подлокотники.

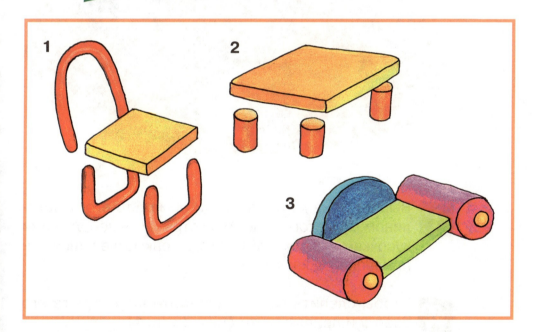

Совет

Делайте мебель не очень крупной, а колбаски-ножки не слишком тонкими, иначе они не удержат сиденье и столешницу.

Кукольная посуда

Материалы и инструменты

- Разноцветный пластилин
- Картон
- Спички
- Пробка
- Бумага

1. Вырежьте из картона круг и обмажьте его пластилином. Для этого пластилин отрывайте небольшими кусочками, разминайте его в тонкую лепёшечку и прилепляйте к картону.

2. Чтобы слепить чайник, скатайте шар, сузьте его сверху и приплюсните снизу (**рис. 1**).

3. Из колбасок слепите носик и ручку.

4. Из шарика сделайте крышку. Украсьте чайник горошинками.

Весёлые игрушки — машинки и зверушки   59

5 Чашку слепите из шарика, промяв его внутрь пальцем. Ручку слепите из колбаски (**рис. 2**).

6 Блюдечко сделайте из лепёшки.

7 Вазу слепите из большого шара, промяв его в центре (**рис. 3**). На спичку налепите по кругу пластилин. Сделайте подставку из приплюснутого снизу шарика. Соедините детали.

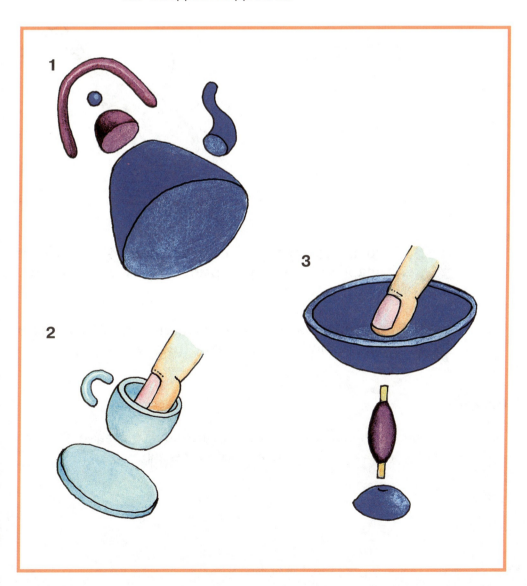

ПРОСТЫЕ ПОДЕЛКИ ИЗ ПЛАСТИЛИНА 60

8 Из колбасок сделайте крендели (**рис. 4**) и баранки. Из шариков — яблоко (**рис. 5**) и грушу (**рис. 6**). Положите их в вазу.

9 Бутылку слепите из колбаски, вытянув горлышко и прилепив пробку и этикетку (**рис. 7**).

Совет

Слепите яичницу, пиццу, котлеты, макароны, разные овощи и фрукты. Устройте вашим куклам пир.

Цветочная клумба

Материалы и инструменты

- Коричневый, фиолетовый, зелёный и жёлтый пластилин
- Спички
- Ножницы
- Крышка от банки

1. Крышку от банки наполните коричневым пластилином (**рис. 1**).

2. На фиолетовой лепёшке ножницами сделайте 5 или 6 круговых засечек в одном направлении (**рис. 2**).

3. Сделайте прорези в другом направлении. Вырежьте цветок (**рис. 3**).

4. Прилепите круглую жёлтую серединку, загните лепестки.

ПРОСТЫЕ ПОДЕЛКИ ИЗ ПЛАСТИЛИНА

5 Обмажьте спичку зелёным пластилином, прикрепите листик и посадите цветок на клумбу.

6 Слепите разные цветы (с закруглёнными лепестками и другого цвета).

7 Посадите цветы в клумбу.

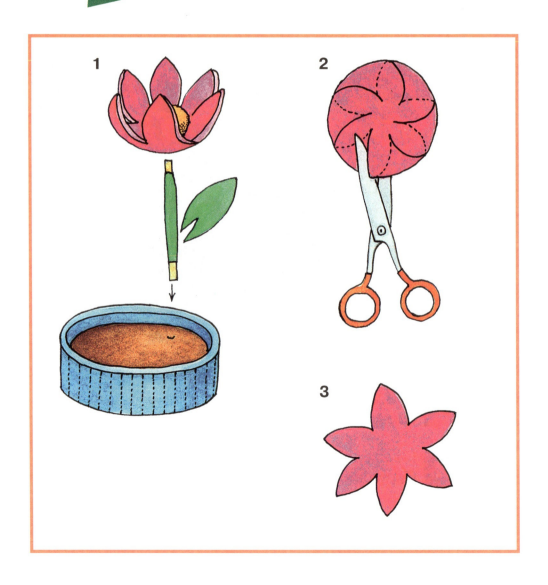

Дюймовочка

Материалы и инструменты

- Разноцветный пластилин
- Стека
- Картон
- Ножницы

1 Слепите Дюймовочку, сделав розовый (красный + белый) шарик-голову, из жёлтой лепёшки стекой вырезав волосы, из колбасок — ручки и ножки. Платье слепите в виде фиолетового колокольчика, как описано в модели «Инопланетяне» (**рис. 1**).

ПРОСТЫЕ ПОДЕЛКИ ИЗ ПЛАСТИЛИНА 64

2 Из жёлтого шара слепите лепёшку, стекой нарежьте края. Из лепёшки белого цвета ножницами вырежьте лепестки (**рис. 2**).

3 Заготовьте лепёшки белого цвета и, прикладывая к ним первый лепесток, вырежьте ножницами ещё 5 лепестков.

4 Прикрепите лепестки снизу к серединке, отогните их вверх.

Посадите Дюймовочку в кувшинку.

 Вырежьте из картона листик (**рис. 3**), обмажьте его зелёным пластилином и прилепите кувшинку с Дюймовочкой на лист.

Совет

Прилепите поделку на кусок пенопласта и пустите Дюймовочку в плавание, налив воду в миску.

Необитаемый остров

Материалы и инструменты

- Разноцветный пластилин
- Стека
- Картон
- Спичка

1 Вырежьте из картона квадрат и обмажьте его синим и голубым пластилином.

2 Посередине вылепите остров из зелёного, коричневого и жёлтого пластилина.

Весёлые игрушки — машинки и зверушки

3 Скатайте колбаски из белого пластилина и налепите их полукругом. Стекой сначала примните их, чтобы край стал волнистым, а потом слегка размажьте колбаску (**рис. 1**).

4 Облепите спичку коричневым пластилином и сделайте стекой насечки — это ствол пальмы (**рис. 2**).

5 Скатайте колбаску из зелёного пластилина, разомните её пальцем, приплющьте в центре и по краям. Сделайте стекой насечки — это пальмовый лист (**рис. 3**).

6 Слепите ещё один пальмовый лист и прикрепите листья на ствол крест-накрест.

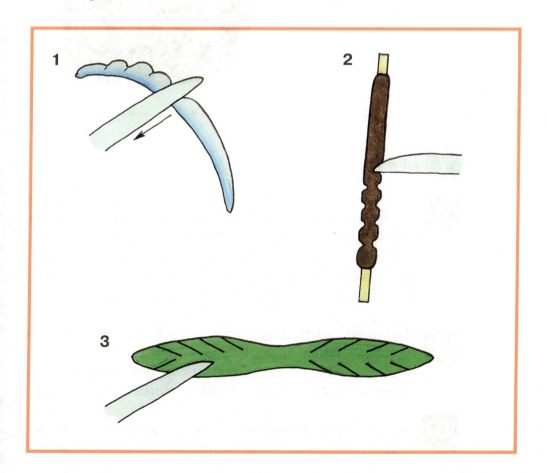

ПРОСТЫЕ ПОДЕЛКИ ИЗ ПЛАСТИЛИНА

7 Прикрепите пальму на остров.

8 Слепите колбаску из оранжевого пластилина, слегка разомните и прорежьте ножки, закруглите их пальцами и отогните ступни. Слепите шарик — голову, 2 колбаски — ручки, нос, из синего пластилина — глаза, бороду и волосы из чёрного пластилина, набедренную повязку из коричневого (**рис. 4**).

9 Из коричневого пластилина слепите лодочку и из белого — парус (**рис. 5**). Прикрепите парус к лодке на спичке. Сверху паруса на спичке укрепите красный флажок — согнутую пополам пластилиновую ленту.

10 Человечка посадите на остров, лодочку — на волны.

Весёлые игрушки — машинки и зверушки 69

Совет

Слепите другие сценки — цирковое представление, парк юрского периода, сказочный замок на горе или острове (**рис. 6**).

6

ПРОСТЫЕ ПОДЕЛКИ ИЗ ПЛАСТИЛИНА 70

Солнечная лужайка

Материалы и инструменты

- Разноцветный пластилин
- Картон
- Спички
- Линейка
- Карандаш
- Ножницы

Эта поделка (как и следующая, «Паровозик из Ромашкова») имеет задний план, как в театре, и сцену с действием. Выполнение этой композиции требует определённых навыков.

Весёлые игрушки — машинки и зверушки

1 Разметьте и вырежьте из картона прямоугольник размером 11×27 см. Сложите его, согнув на 3 части, — каждая часть по 9 см (**рис. 1**).

2 Смешайте белый и синий пластилин, но не до конца, чтобы получились облачка, и облепите им среднюю часть картона — это небо.

3 Зелёным пластилином покройте нижнюю часть картона — это лужайка. Украсьте лужайку пучками трав, скатав пару колбасок и сложив их крест-накрест.

4 Слепите из разноцветного пластилина крылья бабочкам, прижав пальцами по одному краю у лепёшек (**рис. 2**).

5 Украсьте крылья лепёшечками и колбасками, но так, чтобы узоры на крыльях были симметричны.

6 Слепите бабочке тело-колбаску и головку-шарик. Соедините детали бабочек.

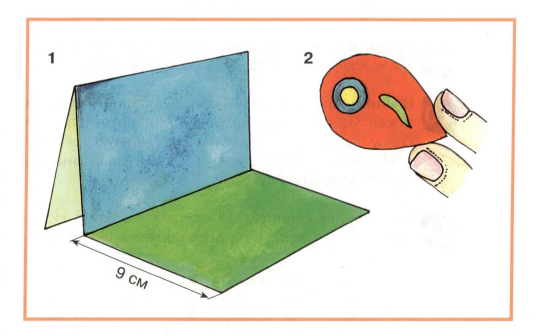

ПРОСТЫЕ ПОДЕЛКИ ИЗ ПЛАСТИЛИНА

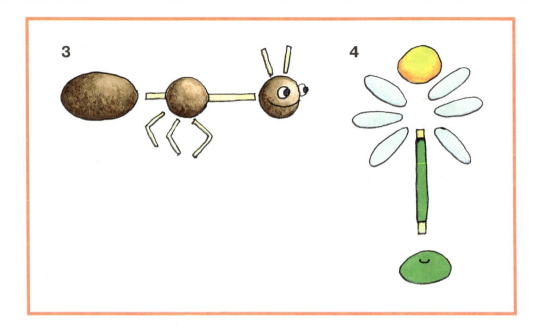

7 Прикрепите бабочек на небо и лужайку.

8 Из коричневого пластилина слепите муравья, как показано на **рис. 3**, детали соедините с помощью спичек. Посадите его на лужайку.

9 Слепите божью коровку, как описано в модели «Божья коровка». Посадите её на травинку.

10 Слепите ромашку, сделав белые лепестки-колбаски и жёлтую серединку-шарик. Прилепите лепестки снизу шарика и наткните на облеплённую зелёным пластилином спичку. Цветок воткните в шар (**рис. 4**), прилепленный на лужайку.

11 Колокольчик слепите, как описано в модели «Инопланетяне». Слепите и прикрепите тычинки внутрь цветка.

Паровозик из Ромашкова

Материалы и инструменты

- Разноцветный пластилин
- Картон
- Линейка
- Карандаш
- Ножницы
- Спички

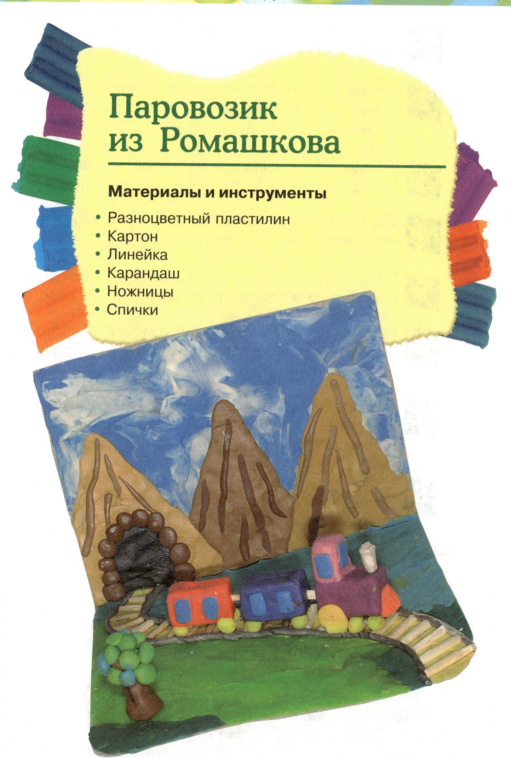

ПРОСТЫЕ ПОДЕЛКИ ИЗ ПЛАСТИЛИНА

1. Подготовьте картон, как описано в модели «Солнечная лужайка».

2. Среднюю часть картона покройте бело-синим пластилином, из коричневого и бежевого слепите треугольнички гор.

3. На одной горе вылепите из тонкой лепёшки вход в пещеру и обложите его шариками-камешками.

4. Зелёным пластилином покройте нижнюю поверхность картона — это земля.

5. Из жёлтого пластилина скатайте колбаску. Расплющьте её и прилепите на картон — это дорога.

6. Нарежьте спички на небольшие кусочки и выложите шпалы по жёлтой дорожке. Скатайте тонкие чёрные колбаски и выложите рельсы.

7. Слепите из пластилина ярких цветов прямоугольники — вагончики, шарики — колёса и скрепите состав с помощью спичек (см. **рис.**). Получился поезд.

8. Слепите дерево: ствол — расплющенная книзу коричневая колбаска, крона — маленькие зелёные шарики. Посадите дерево в траву.

Необычная картина слеплена из пластилина

В этой главе рассказано, как с помощью пластилина можно «рисовать» картины. Для этого достаточно взять картон, заполнить его пластилиновым фоном, вылепить плоские фигурки и прилепить их на фон. Изображение с выпуклыми и объёмными фигурами называется барельефом. Совместив плоское изображение на заднем плане и более объёмное на переднем, ближнем, вы сможете создать эффект глубины и пространства.

Заполняя картон пластилином, отрывайте от хорошо размятого и разогретого пластилина небольшие кусочки и, сделав из них тонкие лепёшки, прилепляйте на фон и размазывайте пальцами.

Учтите, при прикреплении деталей к фону они расплющиваются и увеличиваются в объёме, поэтому вылепляйте все детали чуть-чуть меньшего размера, чем вам надо в окончательном варианте.

Вам потребуется пластилин, картон, ножницы, стека, бисер, стеклярус (для некоторых поделок).

Букетик

Материалы и инструменты

- Разноцветный пластилин
- Стека или ножницы
- Картон

ПРОСТЫЕ ПОДЕЛКИ ИЗ ПЛАСТИЛИНА 78

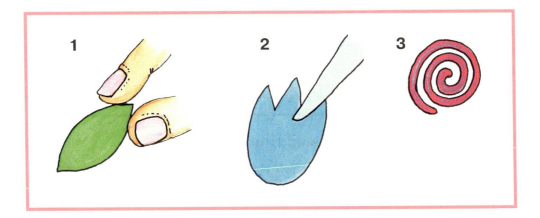

1. Покройте картон пластилином тёмного оттенка (синим, фиолетовым, чёрным).

2. Скатайте колбаски-стебли из зелёного пластилина и прилепите к фону.

3. Листья слепите из лепёшки, приплюснув её с 2 сторон (**рис. 1**).

4. Колокольчики вырежьте из овальных лепёшек стекой или ножницами (**рис. 2**).

5. Розы получатся, если свернуть колбаску спиралью (**рис. 3**).

6. Скатайте небольшие шарики и сложите из них ромашки и незабудки.

Совет

Сделайте таким способом открытку для мамы.

Цветущие деревья

Материалы и инструменты

- Коричневый, зелёный, жёлтый, белый и оранжевый пластилин
- Картон
- Бисер

ПРОСТЫЕ ПОДЕЛКИ ИЗ ПЛАСТИЛИНА

1 Покройте картон пластилином любого цвета.

2 Из коричневого пластилина вылепите ствол. Прилепите его по центру фона.

3 Из коричневого пластилина скатайте 3 колбаски — сучья (на **рис. 1** для наглядности они бежевые). Прилепите их к стволу с разных сторон не симметрично друг другу.

4 Из коричневого пластилина скатайте колбаски потоньше — ветви (на **рис. 1** они красные). Прилепите их на сучья.

5 Скатайте совсем тоненькие коричневые колбаски — веточки и прилепите их на ветки (на **рис. 1** они чёрные). Прилепите их на ветви.

1

Необычная картина слеплена из пластилина

 В зависимости от задуманного времени года слепите шарики-листочки (зелёные — для летнего дерева, жёлтые и оранжевые — для осеннего и цветочки — для весеннего, середину в цветах можно выложить бисером).

Совет

Если вам больше по душе сказочные и фантастические сюжеты, сделайте чудо-дерево. Для этого вместо листьев слепите кренделя, булки и пирожки или сапожки, ботинки и туфельки. Но можно сделать и обычные яблоки или груши (**рис. 2**).

Простые поделки из пластилина

Новогодняя ёлочка

Материалы и инструменты

- Жёлтый, красный, оранжевый, белый, зелёный и синий пластилин
- Разноцветный флюорисцентный пластилин
- Картон
- Стека

Необычная картина слеплена из пластилина

1 Сделайте живописный фон, смешав жёлтый и оранжевый пластилин.

2 Скатайте из зелёного пластилина толстую колбаску, согните её пополам и, прикрепив сверху, размажьте слегка пластилин пальцем вниз, а затем стекой прочертите полоски-иголки (**рис. 1**).

3 Следующие ветки делайте так же, но чуть длиннее в каждом следующем ряду. Нижние веточки лепите из отдельных колбасок — это проще (**рис. 2**).

4 Из флюорисцентного пластилина слепите игрушки — шарики, месяцы, грибочки, ромбики и снежинки (**рис. 3**). Из разноцветных шариков сделайте гирлянду.

ПРОСТЫЕ ПОДЕЛКИ ИЗ ПЛАСТИЛИНА

5 Слепите деда-мороза и поставьте под елку (**рис. 4**).

Совет

Научившись лепить ёлки, сделайте картину с еловым лесом. А если положить на лапы елей снег из белого пластилина, то может получиться новогодняя открытка.

Необычная картина слеплена из пластилина

В краю магнолий

Материалы и инструменты
- Разноцветный пластилин
- Стека
- Картон

ПРОСТЫЕ ПОДЕЛКИ ИЗ ПЛАСТИЛИНА

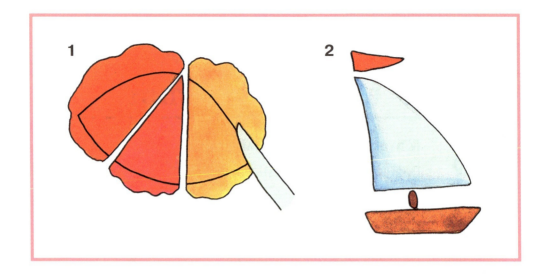

1 Смешайте синий и белый пластилин, но не до однородного цвета, и сделайте небо с облаками в верхней части картона.

2 Море сделайте из бирюзового, голубого и белого пластилина.

3 Пляж вылепите из жёлтого и бежевого пластилина.

4 Скатайте колбаски из белого пластилина, уложите их волнистой линией по краю прибоя и прочертите стекой в сторону моря.

5 Сделайте лепёшки 3 разных цветов и стекой вырежьте части зонта (**рис. 1**).

6 Слепите или вырежьте стекой из лепёшек части парусника (**рис. 2**).

Совет

Слепите на море пароход и на пляже людей (модель «Пляшущие человечки»).

Деревенский пейзаж

Материалы и инструменты

- Разноцветный пластилин
- Стека
- Картон

1 Сделайте фон: голубой — на небо, зелёный — на холм, светло-зелёный — на передний план, синий — на озеро.

ПРОСТЫЕ ПОДЕЛКИ ИЗ ПЛАСТИЛИНА

2 Слепите лепёшки разных цветов и вырежьте стекой квадратики — домики и треугольники — крыши (**рис. 1**). Прилепите домики по верху холма. Прикрепите окошки — чёрного или синего цвета, сверху них из колбасок белого цвета налепите рамы.

3 Слепите девочку, как показано на **рис. 2**.

4 На озере слепите лебедя (**рис. 3**). На лугу вылепите корову (**рис. 4**).

Необычная картина слеплена из пластилина

Знакомый портрет

Материалы и инструменты
- Белый, оранжевый, чёрный, красный, коричневый и синий пластилин
- Картон
- Стека

ПРОСТЫЕ ПОДЕЛКИ ИЗ ПЛАСТИЛИНА

1 Сделайте фон любого цвета.

2 Из белого и оранжевого пластилина смешайте телесный тон для лица, вылепите овальную лепёшку лица и чуть потоньше — прямоугольник шеи. Прилепите их на фон.

3 Слепите лепёшку и стекой вырежьте из неё плечи.

4 Из пластилина телесного цвета скатайте шарик — подбородок, огурец — нос и дуги — надбровья.

5 По стрелкам, указанным на **рис. 1**, слегка размажьте пластилин, чтобы сгладить границы.

6 Слепите из белого, голубого и чёрного пластилина шарики-глаза (**рис. 2**).

7 Скатайте из колбасок красные губы, коричневые волосы, белые украшения на одежду (**рис. 3**).

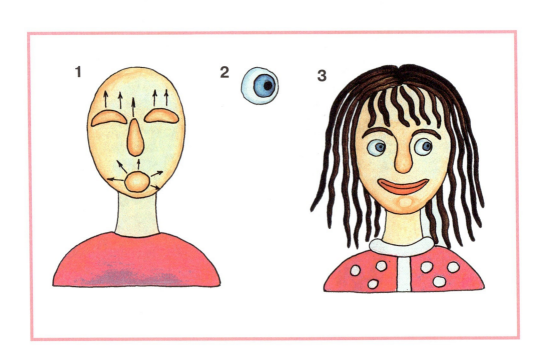

Необычная картина слеплена из пластилина

Совет

Сделайте другие портреты (**рис. 4, 5**).

ПРОСТЫЕ ПОДЕЛКИ ИЗ ПЛАСТИЛИНА

Космическое путешествие

Материалы и инструменты

- Разноцветный пластилин
- Стека
- Картон

1 Сделайте чёрный фон.

2 Из разноцветного шарика и изогнутых колбасок сделайте комету (**рис. 1**), Сатурн (**рис. 2**), сказочную планету (**рис. 3**), звёзды (**рис. 4**).

3 Слепите ракету: из лепёшки вырежьте корпус ракеты, слепите круглые иллюминаторы, сопла и огонь. Размажьте жёлтый пластилин книзу пальцем и прорежьте стекой полоски (**рис. 5**).

Необычная картина слеплена из пластилина

ПРОСТЫЕ ПОДЕЛКИ ИЗ ПЛАСТИЛИНА

Жар-птица

Материалы и инструменты

- Разноцветный пластилин
- Бисер
- Стеклярус
- Стека
- Картон

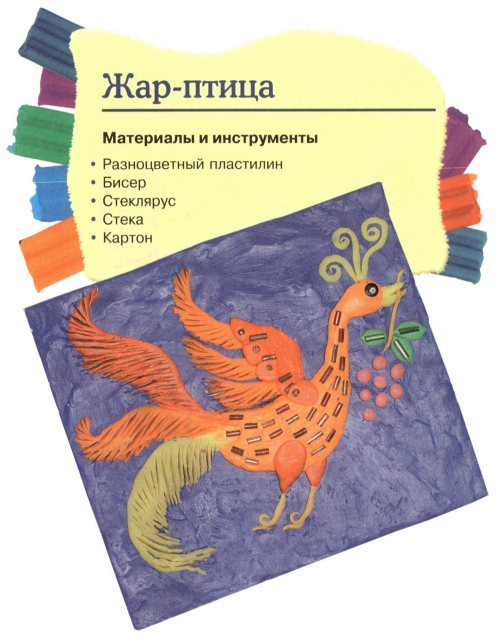

1 Сделайте фон холодного оттенка.

2 Из оранжевого пластилина слепите огурец, вытяните шею птицы, сформируйте голову, сплющьте всё и прилепите на фон (см. **рис.**).

Необычная картина слеплена из пластилина

3 Крыло вырежьте из лепёшки.

4 Перья хвоста слепите, изогните и, прилепив на фон, нарежьте стекой, «распушив» их.

5 Из колбасок слепите хохолок и лапки.

6 Из шариков и колбасок слепите ветку с ягодами.

7 Слепите шарик-глаз. Его можно сделать и из бисера.

8 Украсьте крыло птички бисером и стеклярусом, прорисуйте стекой на теле пёрышки.

Совет

Слепите павлина, украсьте его бисером, — чем не жар-птица?

Тигр в джунглях

Материалы и инструменты

- Белый, зелёный, оранжевый и чёрный пластилин
- Стека
- Картон

Необычная картина слеплена из пластилина 97

1 Сделайте светло-зелёный фон.

2 Из зелёного пластилина скатайте колбаски, расплющьте их и загните концы, — прилепите траву на фон (см. **рис.**).

3 Из оранжевого пластилина слепите огурец, вытяните шею, расплющьте и прилепите на фон. Это туловище тигра.

4 Слепите круглую лепёшку — голову и колбаски — лапы и хвост.

5 Слепите глаза, мордочку, нос, прорежьте стекой рот.

6 Скатайте из чёрного пластилина колбаски и прилепите на тигра полосы.

7 Стекой прорисуйте на тигре шерсть.

4 Простые поделки из пластилина.

ПРОСТЫЕ ПОДЕЛКИ ИЗ ПЛАСТИЛИНА 98

Пляшущие человечки

Материалы и инструменты

- Разноцветный пластилин
- Стека
- Картон

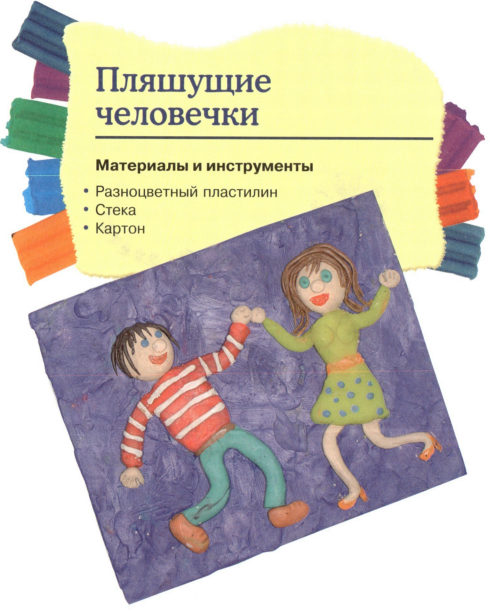

1 Сделайте фон любого цвета.

2 Скатайте шарик — голову, огуречик — тело, колбаски — ручки, изогнутую пополам колбаску — ножки. Волосы — тоненькие колбаски, огурчики — ботинки и кисти рук (**рис. 1**, **2**).

Необычная картина слеплена из пластилина 99

3 Прилепите все детали на фон, придав им нужное положение.

4 Стекой загладьте детали и стыки между ними.

Совет

Если вы хотите слепить девочку, вылепите из огурца платье, сделайте причёску (**рис. 3**).

ПРОСТЫЕ ПОДЕЛКИ ИЗ ПЛАСТИЛИНА

Советы

Слепите спортсменов, снабдите их соответствующим инвентарём (**рис. 4**, **5**).

Человечков можно изображать сидящими (**рис. 6**), в профиль.

Сделайте певицу (**рис. 7**), клоуна, врача и людей других профессий.

Радужные домики

Материалы и инструменты

- Разноцветный пластилин
- Картон
- Ножницы

1 Нарисуйте на картоне силуэт домика (**рис. 1**, **2**). Вырежьте его.

2 Сделайте фон из разных цветов пластилина, например на крыше — красный, на башенке — коричневый, на стене — бежевый.

ПРОСТЫЕ ПОДЕЛКИ ИЗ ПЛАСТИЛИНА

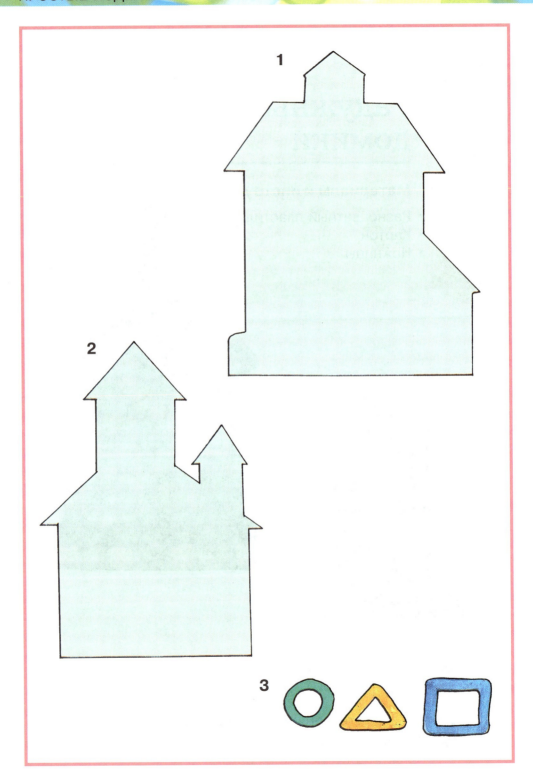

Необычная картина слеплена из пластилина

3 Вылепите окошки, из колбасок сделайте рамы (**рис. 3**).

4 Украсьте домик фактурой по вашему вкусу: круглыми камешками (**рис. 4**), брёвнами (**рис. 5**), плиткой с неровными краями (**рис. 6**), квадратными и прямоугольными кирпичиками (**рис. 7, 8**).

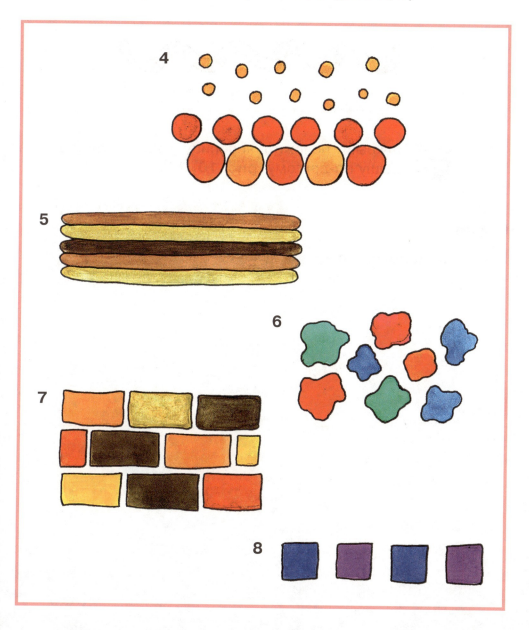

ПРОСТЫЕ ПОДЕЛКИ ИЗ ПЛАСТИЛИНА

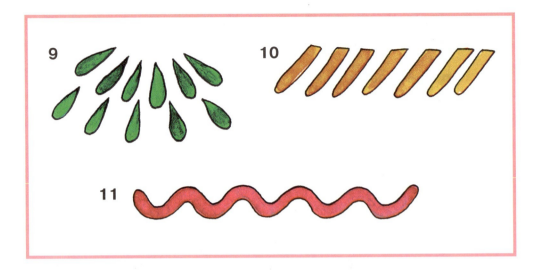

5 На крышу положите черепицу (**рис. 9**) или украсьте крышу по-другому (**рис. 10, 11**).

Совет

В окошки поместите жильцов, собак, кошек, цветы.

Необычная картина слеплена из пластилина

Валентинка

Материалы и инструменты

- Красный и разноцветный пластилин
- Бисер
- Картон

1. Вырежьте силуэт сердца.

2. Покройте его красным пластилином.

3. Вылепите или вырежьте из разноцветных лепёшек маленькие сердечки. Сердечки выложите на фоне и из колбасок.

Визитка

Материалы и инструменты

- Разноцветный пластилин
- Бисер
- Картон

1. Вырежьте прямоугольную картонку и покройте фон пластилином любого цвета.

2. Скатайте 3 колбаски разного цвета.

Необычная картина слеплена из пластилина

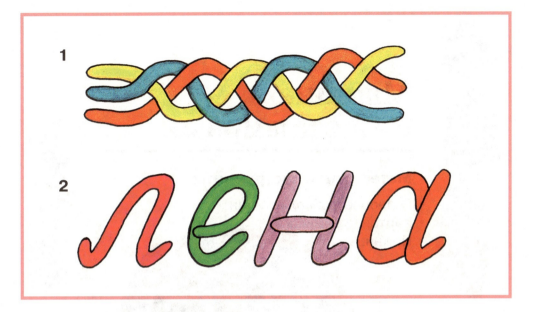

3 Сплетите из колбасок косичку (**рис. 1**) и прикрепите её по контуру картона.

4 Из разноцветных колбасок сложите буквы имени, украсьте их пластилиновыми шариками или бисером (**рис. 2**).

Совет

Напишите короткое поздравление или пожелание, желательно из одного слова, — и у вас получится открытка.

Машина с пассажирами

Материалы и инструменты

- Разноцветный пластилин
- Картон
- Ножницы

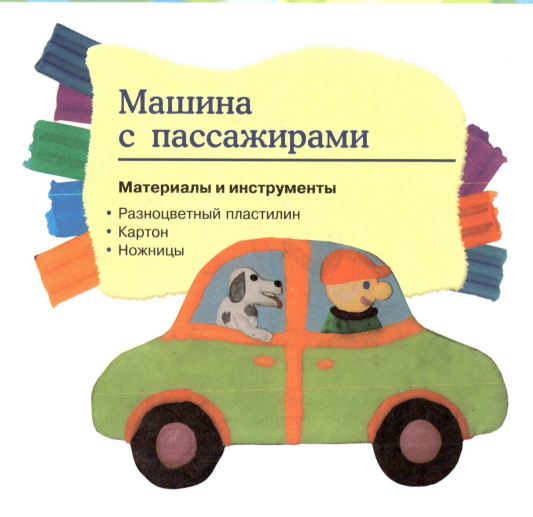

1. Вырежьте силуэт машины и покройте фон пластилином: окна — голубым, колёса — коричневым, корпус — жёлтым.

2. Слепите человечка, собачку, посадите их в машину.

3. Из колбасок выложите двери и окна, крылья колёс. Украсьте корпус машины по своему желанию.

Живые часы

Материалы и инструменты

- Разноцветный пластилин
- Крышка для банки
- Стека
- Картон
- Шило
- Спичка

1. В крышке для банки шилом проткните отверстие в центре.

2. Наполните крышку светлым пластилином.

3. Разметьте стекой места прикрепления цифр: сначала 12 и 6, потом 3 и 9 и, наконец, 1, 2, 4, 5, 7, 8.

ПРОСТЫЕ ПОДЕЛКИ ИЗ ПЛАСТИЛИНА

4 Скатайте разноцветные колбаски и выложите из них цифры (**рис. 1**), прилепите их на циферблат.

5 Из картона вырежьте стрелки, проколите в центре дырочки (**рис. 2**).

6 Вставьте в центр циферблата спичку, воткните её в отверстие в крышке, сверху прилепите шарик.

Совет

На таких часах хорошо изучать время, ими можно просто играть.

Пиратский клад

Материалы и инструменты

- Разноцветный пластилин
- Бисер, стразы
- Цепочка, монетки
- Галька, ракушки
- Картон

1. Покройте картон бирюзовым или синим пластилином, на дно прилепите полоску жёлтого песка, вылепите водоросли зелёного цвета разных оттенков (**рис. 1**).

2. Из лепёшки коричневого цвета стекой вырежьте часть сундука (**рис. 2**).

ПРОСТЫЕ ПОДЕЛКИ ИЗ ПЛАСТИЛИНА 112

3 Прикрепите сундук к фону и дополните крышкой и боковой стенкой-колбаской (**рис. 3**).

4 В сундук скатайте шарики ярких цветов, сверху прикрепите бисер, стразы, цепочки, монетки и другие «драгоценности», которые окажутся под рукой.

5 Слепите рыбок, как показано на **рис. 4**, **5**. Сделайте рыбкам разные хвосты (**рис. 6**).

6 Из лепёшки вырежьте морскую звезду (**рис. 7**). Украсьте её пластилиновыми шариками или бисером.

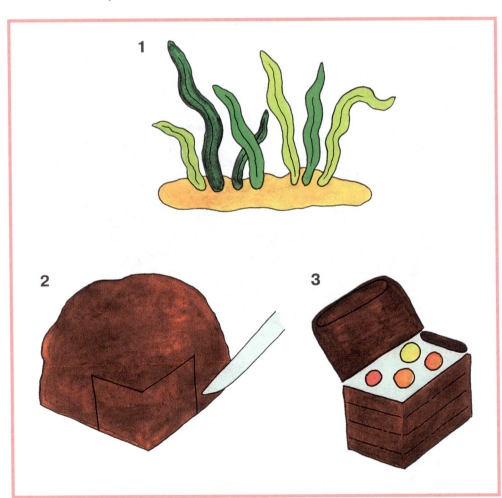

Необычная картина слеплена из пластилина 113

7 Слепите осьминога (**рис. 8**).

8 На дно прилепите настоящие мелкие камешки (гальку) и ракушки.

Совет

Попробуйте сделать картину с затонувшим судном или с русалками.

5 Простые поделки из пластилина.

Завтрак холостяка

Материалы и инструменты

- Разноцветный пластилин
- Стека
- Ножницы
- Картон

Все вылепленные продукты выглядят, будто вы смотрите на них сверху.

Необычная картина слеплена из пластилина

1 Покройте картон клеткой из колбасок, хорошенько их расплющивая, — это скатерть на столе (вид сверху).

2 Из лепёшки ножницами вырежьте круг — тарелку. Придавите её равномерно в центре, края сами приподнимутся вверх.

3 Вылепите яичницу-глазунью, бутерброд с колбасой и вилку.

Совет

При желании можно изменить меню и слепить сосиски с картофельным пюре и огурчиком (**рис. 1**), бутерброд с красной икрой (**рис. 2**), пирог с повидлом (**рис. 3**).

Простые поделки из пластилина 116

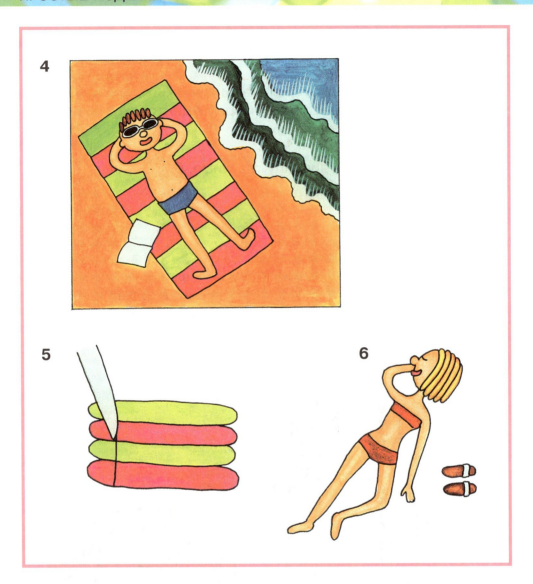

Советы

Приёмом «вид сверху» можно слепить массу весёлых сюжетов, например человека на пляже (**рис. 4**): слепите наборный коврик из колбасок, подрежьте его стекой (**рис. 5**) и положите на него загорать человечка (**рис. 6**). Как лепить людей, посмотрите в модели «Пляшущие человечки».

Спички, камушки, ракушки – получаются игрушки

Податливый и послушный пластилин — идеален для детского творчества и замечательно сочетается с другими материалами — с деревом, пластмассой, стеклом, картоном, камнями и косточками от фруктов. Благодаря своим свойствам, им можно облеплять пузырьки и коробки, на него можно прилеплять бусины и спички.

В этой главе рассказано, как, сочетая всевозможные предметы с пластилином, сделать игрушки, подарки и полезные вещи. Игрушки, сделанные с использованием пузырьков и коробок, — лёгкие, аккуратные, на их изготовление уходит немного пластилина.

Вам потребуются: пластилин, косточки плодов и ягод, спичечные коробки, стеклянные и пластмассовые пузырьки, баночки и бутылочки, морские камешки, спички, палочки.

Рыба из косточки манго

Материалы и инструменты

- Разноцветный пластилин
- Косточка манго
- Стека

1. Скатайте лепёшку из жёлтого пластилина и прилепите на один край косточки манго с 2 сторон — это голова рыбы.

2. Накатайте колбасок, разомните их в полосы и аккуратно прилепите на тело рыбы, чередуя цвета.

3. Из 2 лепёшек слепите хвост, нарежьте его стекой и прилепите, как показано на **рис. 1**.

4. Прилепите губы, глаза и плавники (на плавниках сделайте надрезы стекой).

ПРОСТЫЕ ПОДЕЛКИ ИЗ ПЛАСТИЛИНА

Совет

Можно сделать рыбку другой раскраски (**рис. 2**).

Спички, камушки, ракушки — получаются игрушки

Осьминог из морского камешка

Материалы и инструменты

- Разноцветный пластилин
- Плоский морской камешек круглой формы

1. Найдите плоский камешек круглой формы и прилепите на него из пластилина глазки и рот.

2. Скатайте колбаски разного цвета, изогните их и прилепите снизу к торцу камешка.

ПРОСТЫЕ ПОДЕЛКИ ИЗ ПЛАСТИЛИНА

Советы

По этому же принципу можно сделать солнышко, а если с обратной стороны приклеить клеем «Момент» магнит, то у вас получится нарядный магнит на холодильник.

Из круглого камешка ещё может получиться замечательная лягушка (**рис. 1**), а из овальных — портрет клоуна (**рис. 2**) и медведь (**рис. 3**).

Белка из пузырька

Материалы и инструменты

- Оранжевый, коричневый, белый и чёрный пластилин
- Пузырёк

1 Облепите пузырёк коричневым пластилином (**рис. 1**).

2 Облепите у пузырька пробку оранжевым пластилином — сформируйте голову.

3 Слепите мордочку из белого пластилина (**рис. 2**), чёрные глаза, нос, оранжевые с белым уши, — всё прилепите на голову.

4 Слепите белую треугольную грудку, оранжевые лапки и хвост, прилепите их к туловищу.

ПРОСТЫЕ ПОДЕЛКИ ИЗ ПЛАСТИЛИНА

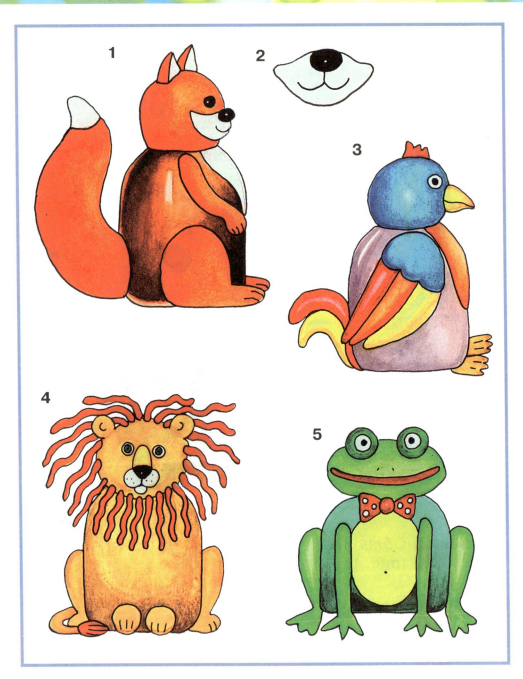

Совет

Сделайте по этому же принципу попугая (**рис. 3**), льва (**рис. 4**), лягушку (**рис. 5**).

Спички, камушки, ракушки — получаются игрушки 125

Пират Джо

Материалы и инструменты

- Разноцветный пластилин
- Пластмассовый белый пузырёк от витаминов

1 Возьмите пластмассовый белый пузырёк от витаминов и облепите его крышку пластилином телесного цвета (**рис. 1**). Для этого смешайте белый и оранжевый пластилин. Оставьте немного этого цвета для ручек и ног.

2 Слепите лепёшечки-уши.

ПРОСТЫЕ ПОДЕЛКИ ИЗ ПЛАСТИЛИНА

3 Из лепёшки фиолетового цвета стекой вырежьте треугольный платок. Оденьте его на голову пирату.

4 Слепите глаза, нос, рот, усы, серьгу. Прикрепите всё к голове.

5 Скатайте тонкие колбаски синего цвета, расплющьте их и прилепите к верхней части пузырька — это тельняшка.

6 Чёрным пластилином облепите низ пузырька — это штаны.

7 Слепите ручки-колбаски и ступни ног, прилепите их к пузырьку.

8 Вылепите кинжал из серого пластилина (белый + чёрный).

Совет

По этому принципу можно слепить любого персонажа — от клоуна и деда-мороза до короля или королевы, просто оденьте их соответственно чину (**рис. 2**).

ПРОСТЫЕ ПОДЕЛКИ ИЗ ПЛАСТИЛИНА

Фототиранозавр

Материалы и инструменты

- Разноцветный пластилин
- Чёрная баночка от фотоплёнки

1 Возьмите пластмассовую чёрную баночку от фотоплёнки и расположите её горизонтально.

2 Из чёрного пластилина прилепите длинный хвост с одной стороны и шею с маленькой головкой с другой стороны (**рис. 1**).

3 Скатайте толстую чёрную колбаску, разрежьте её стекой на 4 части. Прилепите ноги к телу.

4 Стекой прорежьте рот, прилепите в него красный пластилин, прилепите белые с синим глаза.

Спички, камушки, ракушки — получаются игрушки 129

 Скатайте разноцветные шарики и прилепите к телу.

Совет

Расположив пузырёк горизонтально, вы сможете слепить любого животного, стоящего на 4 ногах, например слона (**рис. 2**).

Гоночный автомобиль

Материалы и инструменты

- Разноцветный пластилин
- Флакон от духов
- Стека

1. Возьмите флакон от духов, желательно удлинённой формы, но если такого нет, подойдёт любой.

2. Донышко залепите наполовину, а сверху прилепите колбаску, чтобы получилось окно заднего вида (см. **рис.**).

3. Скатайте колбаску, сплющьте её в полоску и облепите нижнюю часть пузырька, если положить его набок.

4. Облепите полоской горлышко пузырька.

5. Вырежьте из полоски крышу, чтобы машинка выглядела аккуратно, накатайте колбасок другого цвета и облепите все края, а также линию двери.

Спички, камушки, ракушки — получаются игрушки 131

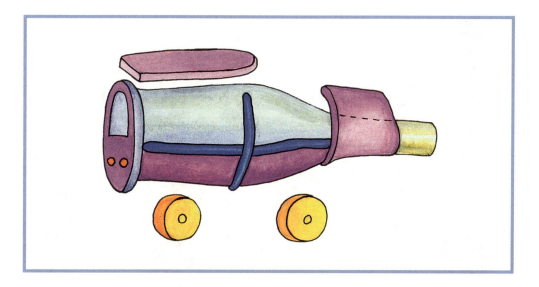

6 Слепите колёса в форме таблеток, — для этого сплющьте слегка шарики и прокатите по плоскости колёсико.

7 Скатайте шарики-фары.

Совет

Сделайте машинки других марок и расцветок из пузырьков от лекарства, духов, лака и т. д.

Совиное семейство

Материалы и инструменты

- Разноцветный пластилин
- Косточки авокадо
- Шило
- Спички
- Стека
- Ветка

1 Для сов возьмите косточки авокадо или другие крупные косточки.

2 Проколите шилом сверху косточки отверстие и вставьте в него спичку (см. **рис.**).

3 Скатайте шарик из пластилина и оденьте голову на спичку.

4 Слепите лапки, хвост, крылья, клюв и брови, прилепите их к туловищу и голове.

5 На крыльях стекой прорисуйте полоски.

Спички, камушки, ракушки — получаются игрушки

6 Глазки сделайте из 2 белых пуговок, зрачки — из чёрного пластилина.

7 Сделайте 3 птичек и посадите их на веточку.

Пейзаж из спичек

Материалы и инструменты
- Синий, белый, зелёный, коричневый и жёлтый пластилин
- Спички
- Нож

1. Возьмите кусочек картона и облепите его сверху голубым (синий + белый) пластилином, снизу зелёным, сбоку сделайте голубое озеро, посередине прилепите треугольник крыши.

Все остальные элементы — ёлку, дерево, забор, дорожку, брёвна дома, лодку, лучи солнца — сделайте из спичек с добавлением пластилина. Спички можно обламывать или резать острым ножом, с помощью взрослых, для получения нужной длины.

Совет

Этим способом можно выкладывать по пластилину другие картины, желательно, чтобы изображения не были закруглёнными, их сложно сделать из спичек, лучше получаются композиции с домами, теремами, можно выложить контуры машин и даже цветы.

Дом лягушки

Материалы и инструменты

- Разноцветный пластилин
- Пузырёк от шампуня

1. Пузырёк от шампуня жёлтого цвета облепите лепёшками пластилина разных цветов, оставляя места для окошек и двери.

2. Слепите дверцу и, скатав колбаски, облепите ими окна, сделайте на них перекладины.

3. Облепите пробку пузырька, придав крыше форму.

Советы

Сделайте другие домики из пластмассовых пузырьков от шампуня и других моющих средств, главное, чтобы бутылочки были прозрачными, иначе окна не будут эффектно смотреться. Облицуйте домики брёвнышками-колбасками, камнями-лепёшками, крупой, кусочками спичек.

Сделайте дом звездочёта, украсив его стразами и бусинами (см. **рис.**). Из нескольких домов можно сделать целую улицу.

Содержание

От автора 3

От простого колобка до пингвина и кота

Цветы на лужайке 9
Колобок 10
Грибная полянка 11
Весёлый снеговик 13
Божья коровка 14
Плюшевый мишка 16
Красавец лебедь 18
Пугливая улитка 20
Динозаврик из Африки 22
Длинноногий жираф 24
Гусеница 26
Мышка-норушка 27
Колючий ёжик 28
Любопытный котёнок 29
Задумчивый кот 31
Морж 32
Антарктический пингвин 33

Весёлые игрушки – машинки и зверушки

Царевна-лягушка 37
Весёлая собачка 39
Робот Робин.. 41
Мальчик Вася.. 43
Девочка Маша.. 45
Саночки... 47
Инопланетяне 49
Ангел... 51
Сказочный мишка 53
Кукольная мебель 56
Кукольная посуда 58
Цветочная клумба 61
Дюймовочка... 63
Необитаемый остров 66
Солнечная лужайка 70
Паровозик из Ромашкова................................... 73

Необычная картина слеплена из пластилина

Букетик ………………………………………………………… 77
Цветущие деревья ……………………………………………… 79
Новогодняя ёлочка……………………………………………… 82
В краю магнолий………………………………………………… 85
Деревенский пейзаж…………………………………………… 87
Знакомый портрет……………………………………………… 89
Космическое путешествие …………………………………… 92
Жар-птица………………………………………………………… 94
Тигр в джунглях………………………………………………… 96
Пляшущие человечки…………………………………………… 98
Радужные домики ……………………………………………… 101
Валентинка……………………………………………………… 105
Визитка…………………………………………………………… 106
Машина с пассажирами……………………………………… 108
Живые часы……………………………………………………… 109
Пиратский клад………………………………………………… 111
Завтрак холостяка……………………………………………… 114

Спички, камушки, ракушки – получаются игрушки

Рыба из косточки манго..119
Осьминог из морского камешка 121
Белка из пузырька 123
Пират Джо..125
Фототиранозавр 128
Гоночный автомобиль 130
Совиное семейство..132
Пейзаж из спичек...134
Дом лягушки 136

По вопросам оптовых закупок обращаться:
тел./факс: (495) 785-15-30, e-mail: trade@airis.ru
Адрес: Москва, пр. Мира, 104

Наш сайт: www.airis.ru

Вы можете приобрести наши книги с 11^{00} до 17^{30},
кроме субботы, воскресенья, в киоске по адресу:
пр. Мира, д. 104, 4 этаж, тел. (495) 785-15-30

Адрес редакции: 129626, Москва, а/я 66

Издательство «АЙРИС-пресс» приглашает к сотрудничеству
авторов образовательной и развивающей литературы.
По всем вопросам обращаться
по тел.: (495) 785-15-33, e-mail: editor@airis.ru

Издание для досуга

Румянцева Екатерина Анатольевна

ПРОСТЫЕ ПОДЕЛКИ ИЗ ПЛАСТИЛИНА

Ведущий редактор *Т. В. Тимофеева*
Редактор *М. Р. Вервальд*
Художественный редактор,
оформление обложки *М. А. Владимирская*
Фотосъемка *В. А. Артемов*
Иллюстрации *Е. А. Румянцева*
Технический редактор *Т. В. Исаева*
Компьютерная верстка *Г. В. Доронина*
Корректор *З. А. Тихонова*

Подписано в печать 14.01.09. Бумага офсетная.
Формат 70×100 $^1/_{16}$. Печать офсетная. Печ. л. 9.
Усл.-печ. л. 11,7. Тираж 5000 экз. Заказ № 1532.

ООО «Издательство «АЙРИС-пресс»
113184, Москва, ул. Б. Полянка, д. 50, стр. 3.

ОАО «Тверской ордена Трудового Красного Знамени
полиграфкомбинат детской литературы им. 50-летия СССР».
170040, г. Тверь, пр. 50 лет Октября, 46.

ПРОСТОР ДЛЯ ФАНТАЗИИ И ТВОРЧЕСТВА РЕБЕНКА

Обл., 144 с.

В книге представлены очень простые поделки из бисера, доступные даже дошкольнику, при условии, что ему помогут взрослые. Все модели сделаны с помощью тонкой проволоки. Это фигурки животных, нарядные украшения, небольшие настенные панно, сувениры и новогодние украшения, которые могут стать оригинальным подарком. К каждой поделке дана подробная схема плетения, пошаговое описание работы и цветное фото готового изделия.

Адресовано детям 6–12 лет, их родителям, педагогам дополнительного образования и руководителям художественных кружков.

СКЛАДЫВАЕМ И ИГРАЕМ

Обл., 80 с.

В книге рассказывается не только о том, как сложить ту или иную модель оригами, но и какие игры, конкурсы и соревнования можно провести с получившимися фигурками. Например, гонки крейсеров, скачки, аэрошоу, конкурс красоты. Даются условия игры, перечень необходимых атрибутов, правила подведения итогов. В играх могут участвовать от одного до нескольких детей. На цветной вклейке представлены фотографии готовых моделей.

Издание адресовано детям 6–11 лет, их родителям, воспитателям детских садов, школьным учителям, руководителям художественных кружков.